Azul itinerante

Ronaldo Cunha Lima

Azul itinerante

POESIA POLICRÔMICA

Sonetos e versos livres

JOSÉ OLYMPIO
EDITORA

EDITORA JOSÉ OLYMPIO LTDA.
Rua Argentina, 171 – 1º andar – São Cristóvão
20921-380 – Rio de Janeiro, RJ – República Federativa do Brasil
Tel.: (21) 2585-2060 Fax: (21) 2585-2086
Printed in Brazil / Impresso no Brasil

Atendemos pelo Reembolso Postal

ISBN 85-03-00951-X

Coordenação editorial: Juca Pontes
Agente Literário: Aramis Alves Ayres
Capa: Hybris Design / Isabella Perrotta

CIP-Brasil. Catalogação-na-fonte
Sindicato Nacional dos Editores de Livros, RJ.

L71a Lima, Ronaldo Cunha, 1936-
Azul itinerante: poesia policrômica / Ronaldo Cunha Lima.
– Rio de Janeiro: José Olympio, 2006.

ISBN 85-03-00951-X

1. Poesia brasileira. I. Título.

06-1723 CDD – 869.91
CDU – 821.134.3(81)-1

Sumário

Prefácio 15
Epígrafes 19
Dedicatórias azuis 21
No azul itinerante 23
Meu azul (intróito) 25

PARTE I – SONETOS

Soneto 29
Soneto do azul itinerante 30
Labirinto azul 31
Cadê as minhas cores? 32
Descolorido 33
Eu te esqueci 34
A flor azul 35
O pássaro 36
Pluma e estrela 37
A cor de seus olhos 38
Porque meu mundo não se fez de flores... 39
Chovendo inverno 40
Abstração 41
Soneto anafórico 42
Transa marinha 43
As cores de um sonho de criança 44
Aquele seu vestido de organdi 45
Azul analógico 46

PARTE II – VERSOS LIVRES

Versos livres 49
Versos libertos 50
Arco-íris 51
Decálogo dos rios e das estradas I a III 52
Decálogo dos rios e das estradas IV e V 53
Decálogo dos rios e das estradas VI a VIII 54
Decálogo dos rios e das estradas IX e X 55
Caminhante 56
Rastros 57
Eu amo uma mulher que não existe 58
Memória / Arrependimento 59
À deriva 60
Batidos 61
Dor incomum 62
Rezas 63
Que olhos eram os teus? 64
Fragilidade 65
Náufrago do amor 66
Amor perdido 67
Amor 68
Ama! / Cartas 69
Lá vai o rio! 70
Galáctico 71
Um pedaço de rua 72
Rua Solidão 73
Sonhos da minha rua 74
Se essa rua fosse minha 75
Nem retornar, nem prosseguir 76
Caminho sem volta 77

A ponte 78
Continente/Conteúdo / Distanásia 79
Natimorto 80
Mausoléu 81
O menino que sonhava 82
Lembranças de um menino 83
Prisioneiro de mim mesmo 84
Bom dia, solidão 86
Apelo interior 87
Azul e cor-de-rosa 88
Preferência pelas cores 89
As cores não deviam mudar de cor 90
O "X" do problema 91
Caminhos transversais I 92
Caminhos transversais II 93
Caminhos transversais III 94
Transversos 95
Solidariedade 96
Exéquias a um ponto de luz 97
Promessas 98
Conversão 99
As duas 100
O medo e a falta 102
Tarde demais 103
O que vai ficar 104
Não queria guardar queixas 106
Quando voltares 107
Vestal 108
Foto antiga 109
Desmerecidamente 110
Dois tempos / Responsório 111

Preciso de alguém 112
Faz-de-conta / Volta 113
Cardápio dos amantes 114
Guerras 115
Como no boxe 116
Que horas são? 118
Transversalidade 120
Pertences do infinito 121
Era domingo, e desejei segunda 122
Página em branco 124
A palavra 125
Persistência 126
Ela vai casar 127
Entre o ontem e o agora 128
Ridículo 129
Música 130
Não posso 131
O tempo 132
O pássaro do sonho 133
Meu gato 134
Cantor do amor na vida 136
Era uma vez um poeta 138
Coincidência 139
Músicas que ontem eu ouvia 140
Eternidade 142
Mundo reduzido / Compadecimento 143
Minha vida 144
O azul como sinal de trânsito 146
Culpas 147
De mentirinha 148
Na rota do azul 149

Meu azul 150
Teus olhos 151
Quando os teus olhos eram meus 152
Bizantino 153
Procura 154
Horizonte / Trindade 155
Fuso horário / Fora de área 156
Celular I / Celular II 157
Somente mente 158
O azul 159
Mulheres! 160
Loucura e lucidez 161
Testamento 162

ALÉM DO AZUL (ADENDO) – SONETOS E POEMAS

Sonetos
Palhaço 167
Metaforismos 168
Concretismo abstrato 169
As margens de um poeta 170
Poemas
Pela janela / Escolha / A viagem 171
Desinteresse / Nostalgia 172

Posfácio 173

"Versos diversos que fi-los
libertos de regras e estilos."

Querido(a) ______________________

Bem no topo, na curul
do palácio da estima,
você fica lá em cima,
na parte que é toda azul.

Afetuosamente,

Ronaldo Cunha Lima

AZUL POLICRÔMICO

Elizabeth Marinheiro*

A advertência é significativamente indicial: "Versos diversos que fi-los libertos de regras e estilos." Aponta dizeres anteriores de um palimpsesto tecido por discursos orais. Aponta os volteios enigmáticos da palinfrasia ou o sistema paligenésico de sons e sentidos. Aponta, até mesmo, as questões hegemônicas da liberdade.

Fazer o quê com a semiose debruçada sobre minha mesa?... Esconder-se no enredo dos próprios medos, como em "Teus olhos"? Ou concordar com a sentença drummondiana: Mas de tudo fica um pouco. Nos descaminhos dos estudos críticos, todos os caminhos são possíveis... Tentaremos.

Seguindo Cesare Segre, pontuaremos conotações que emergem da heterogeneidade contextual deste *Azul itinerante* realmente colorido e policrômico. Entre os múltiplos códigos vigentes no novo livro de Ronaldo Cunha Lima, elegemos a primeiridade, a metalinguagem e o penumbrismo. É na subjetividade da primeira pessoa que se concentra a função apelativa da linguagem. Dirigindo-se à interlocutora virtual, o narrador Ronaldo percorre patamares da interioridade, extraindo dela o vaivém dos estágios anímicos. Ora o vôo mutilado da ave; ora a fugacidade do tempo; ora o eu torturado pela insônia; ora o eu e suas mirações ao maravilhoso.

---

*Professora, doutora, ensaísta. Pós-doutorado pela Universidade Complutense de Madrid.

O leque temático, conduzido pela simplicidade de paralelismos, trocadilhos e anáforas, desvela alumbramentos do amor e fragmentos da desilusão. O intimismo estará sempre em oposição: "Sobraram as sombras. Que farei das sombras dos retorsos do verde das alfombras/que enfeitavam de espera o horizonte?" ("Descolorido"). As evocações à infância, à família, à casa e à cidade banalizam a serialização porque, acentuada a assimetria poética, tornam-se presença-ausência do eu nas entranhas do destino. Tem-se, assim, uma expansão do monólogo, no qual a essência lírica associa-se à melancólica romântica e derrama-se ao longo da textualidade. A exemplo de "Porque meu mundo não se fez de flores...", "À deriva", "Que olhos eram os teus?", "Exéquias a um ponto de luz", esse painel pintado com despretensiosa recusa ao sublime reitera as imagens do *Ubi sum*. Por conseqüência, a angústia do Homem e os grilhões do *soi-même*. Retomando essa forma do *perpetuum mobile*, o sujeito maximiza a referencialidade semântica, sem desalojar o chiste e a citação. Daí, a mescla de emoções que instiga atos de memória, jogos intertextuais e a conciliação das antíteses. Sem pretender ir muito além de um prefácio, basta-nos vincar o sotaque piadístico de "Que horas são?", "Meu gato", a descontinuidade cotidiana captada com humor em "Não posso", "Coincidência", "Músicas que ontem eu ouvia" e "Fuso horário".

A obra de Ronaldo não instaura nenhuma teoria do verso, entretanto "Como no boxe", "De mentirinha", "Cardápio dos amantes", "Procura" e "Bom dia solidão" tanto articulam ironia/sonho/casualidade, como entram no universo metapoemético: "Bom dia, solidão./ Que os teus medos/ não me voltem agora,/ enquanto o azul, lá de fora,/ visionando a janela,/ faz-me ver lembranças dela nos revolteios do mar,/ no balanceio das flores,/ e o vento fala de amores,/ e o tempo fala em voltar."

É próprio das organizações transtextuais uma segunda natureza que, na lírica de Ronaldo, abriga tons do *naïf* e do *mis-en-abîme*. A visão *naïf* envolve a enunciação nostálgica de "Lembranças de um menino" e a ousadia de "Versos libertos". Simultaneamente, o olhar desloca-se para os conflitos humanos. Daí, a versão outonal da adolescência ("Rua Solidão"); o desespero em surdina ("Rastros"); a solidão de amantes ("Dor incomum", "Galáctico", "Amor"); o cromatismo gramatical ("Transversalidade", "Não posso"). A remembrança transita entre fragmentos do tempo de menino e estilhaços de homem dividido. A vertente abissal, mantida, não raro, pela concisão das construções mínimas, sinaliza o capítulo mais doloroso da *ars* combinatória ronaldina. Combinação muito transparente via sintagma, mas paradigmaticamente opaca. O eu parece não encontrar portas de saída e, rubionicamente, move-se em ritornelos, numa atitude de autopunição. A culpa – recorrente da maioria dos poemas ("Chovendo inverno", "Rezas", "Se essa rua fosse minha", "Caminho sem volta", "Distanásia", "Natimorto", "Mausoléu") é o ângulo mais problemático do caleidoscópio.

A essa altura, não será arriscado aproximar a humildade da Manuel Bandeira (leia-se David Arrigucci) ao despojamento de Ronaldo Cunha Lima. A ambivalência, resultante das tragédias existenciais, não alija a degradação. Mas... o sujeito desmorona, hesita. Não enxerga, vê. Não encanta, enfeitiça. Como os pintores que pintam com os pés, ele conhece as duas mãos e o sentimento do mundo. No território ético-estético encontra-se a variante ótima: a arraigada busca do poético. Milagre da vida da poesia.

Sim, dos versos diversos/libertos de regras e estilos brotaram luzes e sombras; auroras e crepúsculos; dúvidas e certezas; desabafos e silêncios...

Eis o cronótopo edificado por Ronaldo Cunha Lima. Na impotência do grito ou na independência do olhar peregrino, uma figura restou inteira: o perdão. Não o perdão de monges e mosteiros. Não o perdão de um confiteor. Não o perdão frágil da miséria humana. Que perdão caro leitor? Decerto o ato de quem, ao reconhecer a incomplitude dos signos/sinais penitenciam-se diante da arte, convertendo aquele pouco que restou no polifônico mosaico, onde o sacro e o profano harmonizam-se para que o texto retalhado possa significar a fé e a esperança.

Passam os tempos! Estendem-se as mãos! Comungam Apolo e Dionisius! Desfaz-se o monólogo. E surge o diálogo do Poeta como epifania. Celebra-se Deus no minimalismo do cantar coletivo. Solidariamente. É Ronaldo Cunha Lima carregando a tocha e a lira! Nos giros das rodas, os solfejos da canção.

Em síntese, o inspirado Ronaldo Cunha Lima é eclético e policrômico. Não é só este *Azul itinerante* que é colorido. Toda sua poesia tem o colorido de inúmeras belezas. E a beleza de todas as cores. Seu azul não é exclusivamente azul. É um azul policrômico.

Epígrafes

(O azul nos poetas)

De azul pintei os meus sapatos
e de azul pintei o meu quintal.

Carlos Pena Filho

Por uma saudade azul.

Ascendino Leite

Azul ou verde ou roxo,
quando o sol o doura falsamente de vermelho...

Fernando Pessoa

Pela goela azul dos abismos,
desceram paroxismos.

Ivan Junqueira

Que abençoada hora
a que Deus fez o infinito!
Colocou o azul por fora
pro céu ficar mais bonito.

Ronaldo Cunha Lima

Tome um pouco de azul,
se a tarde é clara...

Carlos Pena Filho

O homem que pintava cavalos azuis.
Sob o olhar azul.

Diógenes Cunha Lima Filho

O tormento azul.

Almeida Cousin

Se pudesse dobrava as nuvens e enviava-tas
num envelope azul pelo céu.

Raul Machado

A vida, algumas vezes, mar frémente,
tem sido, para nós, constantemente,
um lago azul, sem ondas nem espumas.

Júlio Salusse

E era, assim, blue,
o meu sertão azul.

José Nêumanne Pinto

Dedicatórias azuis

À memória do poeta e amigo, Carlos Pena Filho, que me despertou para o azul.

A Iuri Gagarin, o primeiro a ver e a dizer que "A terra é azul!".

Aos azuis dos instantes e aos restantes dos azuis.

Aos azuis dos olhos de minha avó paterna, hoje presentes nos olhos de meus netos, Clara e Gabriel.

À musa que se fez confusa e reclusa dos meus espaços azuis.

Aos meus filhos e netos que pintam de azul meus horizontes.

NO AZUL ITINERANTE

(Poema em prosa e verso)

Os meus olhos castanhos, desejosos de te ver e desconhecendo os teus caminhos de agora, buscam, lá fora, alguma nesga de azul que me conduza à tranqüilidade do teu sorriso, à suavidade do teu corpo, à ternura dos teus carinhos.

Os meus olhos castanhos, envolvidos nos amanhos e doçuras da saudade, persistem na procura do espaço (quem sabe, dentre as nuvens de alvaiade?) que seja regaço de algum retraço azulino de um anjo quase divino que o destino queira seja presente na minha crença nas cores dos meus amores, hoje apenas matizadas numa só cor ou coradas às cores que lembrem o AZUL — que crio e recrio, que traço e refaço e que abraço até mesmo nos instantes de desespero:

"Tentando te esquecer, tomei veneno:
uma colher de azul-de-metileno.
Não te esqueci, mas me vesti de azul."

Ronaldo Cunha Lima

MEU AZUL

(Intróito)

Casual ou proposital

Atual ou atemporal

Incidental e visual

Imaginário ou real

Memorial e especial

Natural e ficcional,

Meu azul é acessional,

Intransferivelmente pessoal

Parte I

Sonetos

Soneto

Soneto, que te faço em mim presente,
por que, descompassando-me nas cores,
não te gerei plangências dos pintores
irisadas de azul, de azul somente?

Por que, soneto, não te fiz argüente
das gradações azuis, desses valores
que tributo ao reduto dos alvores
festejantes do azul celipotente?

Porque, soneto, o azul não mais alcanças
em teus versos, então, haja mudanças
nos poetas do amor, moção tribul

para que no presente das lembranças,
os sonhos verdejantes de esperanças
tragam nuanças de esperança azul.

Assim como no passado,
que seja sempre azulado
o futuro que está vindo.

SONETO DO AZUL ITINERANTE

Mudando apenas de tonalidade,
o azul me acompanhou pelo caminho.
Azul-safira, seda, azul-marinho,
o azul do sonho e da felicidade.

Azul-turquesa ou cinza, da saudade,
azul-celeste, prestes de um carinho,
azulejando à rosa algum espinho,
azul adulto e de qualquer idade.

Azul-piscina, sina da distância,
azul-claro dos astros, na infância,
o azul das flores castas de um paul.

Azul-cárdeo dos sonhos memorosos
de cobreados cabelos misteriosos,
o azul, que vem comigo, é sempre azul.

Pensei fosse azul somente.
Mas o céu, infelizmente,
às vezes se nubla e chora.

LABIRINTO AZUL

Ela veio ao encontro dos meus braços
com os agraços da posse pretendida
e se apossou de mim, da minha vida,
compassando o meu passo aos seus compassos.

Dispôs caminhos, concebeu espaços,
ei-la agora do espaço seu perdida,
procurando encontrar uma saída
no labirinto azul dos próprios passos.

Horizontes finitos dos amores!
Com que tintas festejas, quais colores
dispões nos céus dos sonhos terminados?

Por cambiantes tons das nossas dores
acabamos distantes, incolores,
dos espaços azuis imaginados!

Um incêndio de cores no infinito,
e um celebrante e comovente grito:
o azul-do-céu do incêndio se salvou!

CADÊ AS MINHAS CORES?

Cadê o azul com que eu pintava sonhos,
e o verde, que enfeitava a minha crença,
e o vermelho das rosas, e a presença
do amarelo dos cravos mais bisonhos?

Cadê a cor dos cinzas tão tristonhos,
efeitos do color da indiferença,
cadê a cor sem cor da desavença,
o preto, de meus medos mais medonhos?

Cadê o roxo, colorindo odores
das violetas encantando amores,
cadê a cor da paz, da despedida?

Cadê as cores dos jardins das flores
e cadê, afinal, as outras cores
do colorido painel da minha vida?

Os versos que te componho,
metrificados no sonho,
procuram rimas azuis.

DESCOLORIDO

Há um cinza tingindo os meus espaços.
Densas nuvens afetam-me a visão.
Não há luz nem há cor na escuridão
que pretere as andanças dos meus passos.

A quem irei culpar dos meus fracassos?
Não vou culpar o azul, não há razão.
Se não restou qualquer coloração
é que eu não soube matizar seus traços.

Sobraram as sombras. Que farei das sombras
dos retorsos do verde das alfombras
que enfeitavam de espera o horizonte?

Que fazer de meu mundo distorcido
do que não fui, do que teria sido
se o azul prosseguisse a mim defronte?

Confessa, sem se sentir,
ficava azul de mentir
em seu sorriso amarelo.

EU TE ESQUECI

Enfim, eu constatei que te esqueci!
Já não me ocorre mais qualquer lembrança.
O entreter da saudade não me alcança,
nem versos, para ti, eu escrevi.

Rondei os bares e em nenhum bebi!
Juntei-me aos pares, no prazer da dança,
fui renovando os fios de esperança
sem me ligar às músicas que ouvi.

Reconquistei-me a mim e bato palma,
recompondo os matizes dentro d'alma,
sonhando o azul das cores que teci.

Não foi feitiço algum. O que me ensalma
e me concede paz que hoje me acalma,
vem da certeza de que eu te esqueci.

O asfalto encerra, em gretas, os estragos,
que a flor azul, azulecendo afagos,
ornamentou de céu até o fim.

A FLOR AZUL

Diferente das flores de um jardim,
florescera entre o asfalto e a calçada,
no roteiro da minha caminhada,
de onde mandava acenos para mim.

Eu seguia da rua até o fim,
sabendo que na volta da jornada,
numa fenda de asfalto, abandonada,
a flor azul sorria mesmo assim.

Hoje, quando passei, busquei, em vão,
nos resguardos da flor que me conforta,
os acenos de pétalas da mão.

Volto depressa, corro, o coração
chorando os olhos meus ao vê-la morta,
em pedaços jogada pelo chão!

Inebriado de azul,
voeja e canta o bulbul
— quem sabe, o canto final?

O PÁSSARO

Abriu as asas e voou sozinho,
magicando que o céu atingiria.
Sentindo que o horizonte lhe mentia,
resolve retornar para o seu ninho.

É azul, todo azul o seu caminho
no retorno da longa travessia.
Por um momento, o vento, a ventania,
faz voar bem mais alto o passarinho.

Acima, mais acima, vê condores,
lá embaixo, na terra, os caçadores
e, entre nuvens, nas nuvens se embaraça.

Seu sonho de voar se extinguira.
O azul do horizonte é uma mentira
e a terra, verdejante, uma ameaça.

Com a leveza das nuvens, que possuis,
ascende aos céus, ó pluma, e faz azuis
os rutilos brancosos das estrelas.

PLUMA E ESTRELA

Veio pluma e pousou na minha mão.
Veio vento e soprou aos meus ouvidos.
Veio bálsamo, calando os meus gemidos.
Veio amor e ficou no coração.

Veio nuvem, trazendo da amplidão
os dizeres por deuses transmitidos.
Veio musa, inspirando os meus sentidos,
veio fala, afastando a solidão.

Das cores do arco-íris, feito espelho,
ela veio de rosa, de vermelho,
na calidez de uma manhã taful.

Veio céu, feito estrela desprendida,
foi assim que ela veio em minha vida
e a minha vida se vestiu de azul.

Os teus olhos assustados
verdejantes, azulados,
matizaram-se no adeus.

A COR DE SEUS OLHOS

Eu não sei se eram verdes ou azuis
os seus olhos de céu, arredondados,
os seus olhos de mar, aparentados
aos viscos verdejantes dos pauis.

Eu só sei que em meu ser tocavam blues,
despertando desejos desertados
dos mais pecaminosos dos pecados,
nos instantes das horas mais tafuis.

Eram verdes, quando ela me surgiu.
Depois azuis, no instante em que sentiu
vontade de voar, de mar aberto.

Vi-os verdes e azuis, quando partiu.
Hoje não sei da cor. Ela me viu,
mas não me deixou vê-los mais de perto.

Ó céus, por que não incluis
na cor-de-rosa os azuis
das rosas do meu jardim?

PORQUE MEU MUNDO NÃO SE FEZ DE FLORES...

Sinto a ausência das mãos que plantam rosas
nos fronteiros das portas e janelas.
Das mãos que plantam dálias amarelas,
e as orquídeas azuis, as mais formosas.

Fazem falta os pincéis e as aquarelas
dos artistas de telas caprichosas.
Do arco-íris, as cores majestosas
que colorem meus céus ante as procelas.

Da vida assisto os tristes dissabores,
lembrando a despedida dos amores
na saudade que o tempo não levou.

Diante de horizontes tão sem cores,
porque meu mundo não se fez de flores
eu carrego um jardim por onde vou.

Na noite de azul-escuro,
tento aclarar o futuro
que me clausura e dá medo.

CHOVENDO INVERNO

Chove inverno em minh'alma e é tanto o frio
que parece pesado e denso gelo
pressionando o meu peito, em atropelo,
trementes minhas mãos de calafrio.

Chove inverno adverso e eu me aproprio
dos versos mais ardentes que alguém fê-los,
em uma noite assim de pesadelos,
dos momentos de medo o mais sombrio.

Que me importa lá fora a vida faça
festejos de verão pela vidraça
azulecendo o escuro que há em mim?

Posto que sou o inverno da desgraça
de uma nuvem que aos poucos se esfumaça
chovendo o adeus do amor que chega ao fim!

Olho absorto e abstrato
para o azul do teu retrato
num vestido de organdi.

ABSTRAÇÃO

Ouvir do vento a voz de meu desejo,
contar estrelas pela noite afora,
saber da lua a rua onde ela mora,
pedir que a noite a veja, se eu não vejo.

Do mar compreender o rumorejo
das ondas, que ele traz e leva embora
num cortejo de espuma à luz d'aurora,
seguir das aves o primeiro adejo.

Abrir os braços para o sol nascente,
viver o azul de um dia diferente,
pedir à espera o fim da frustração.

Voltar a crer no amor, tê-la presente
e que não seja apenas, simplesmente,
o meu querer sonhando abstração.

Foi num fórum de Direito
que eu aprendi o conceito
sobre os espaços azuis.

SONETO ANAFÓRICO*

Era uma noite de culto ao Direito,
era uma noite de auditório cheio,
era uma noite solene e, de permeio,
um sorriso fugaz, meio sem jeito.

Era uma noite azul, de céu perfeito,
quando um brilho de estrela sobreveio
tremeluzindo dúvida ou receio
na reformulação de algum conceito.

Era uma noite quase rotineira.
Era uma noite de semana inteira,
como em salas de aula de ateneu.

Era uma noite como outra qualquer.
De repente, surgiu uma mulher
e a vida para mim amanheceu.

---

*Repetição de uma palavra ou grupo de palavras no princípio de duas ou mais frases sucessivas, ou de dois ou mais versos para enfatizar o termo repetido.

O verde mar, simbionte,
abraça o céu, no horizonte,
e se matiza de azul.

TRANSA MARINHA

O mar se amava. As ondas, em volteio,
fertilizadas, retornavam à beira,
largando o sêmen pela praia inteira,
molhando as fraldas brancas do passeio.

A cada onda, o mar beijava o seio.
Rugia o gozo, abria extensa esteira,
navegava o remanso da canseira
e voltava a rugir, de amor mais cheio.

O mar gozava em plena luz do dia.
Uma onda encontrava, outra perdia,
outra seguia para amar no raso.

O mar se amava, enquanto eu me exauria
descolorindo o azul, que se escondia
nos rebuços sem cor do meu ocaso.

No rosto sorrisos francos,
nos desejos sonhos brancos,
na vida espaços azuis.

AS CORES DE UM SONHO DE CRIANÇA*

Qual é a cor de um sonho de criança,
de uma menina-moça, feito fada,
que sonha flores e o desejo alcança,
que em seus segredos não esconde nada?

Teria a cor do verde da esperança,
ou a beleza do céu — cor azulada —,
seria vaga, como uma lembrança,
seria rósea, cinza, avermelhada?

Que cor, criança, tens no pensamento,
nesses sonhos tão teus, cada momento
quando calas ou ris sorrisos francos?

Enquanto brincas abraçando o vento
e o arco-íris te observa, atento,
quais são as cores de teus sonhos brancos?

---

*Para a amiga Silvana Holanda, no dia do seu casamento.

O meu azul-preferido
vestiu, um dia, um vestido
transvestido de saudade.

AQUELE SEU VESTIDO DE ORGANDI

Aquele seu vestido de organdi
era azul-marinho. Não era preto.
Não sei por que, às vezes eu cometo
esse errar da visão, aqui e ali.

Quando, na lembrança, eu me remeto
ao tempo mais bonito que vivi,
é que me lembro que não era preto
o seu vestido azul, de organdi.

Não sei por que eu me confundo tanto!
Talvez seja em razão de tanto pranto
do quanto já chorei e já sofri.

Preto ficou o meu olhar de espanto
sem distinguir das cores o encanto
do seu vestido azul, de organdi!

No azul-celeste da crença,
meu amor tem parecença
de adeus, de monocromia.

AZUL ANALÓGICO

Sem ser azul, azul vejo a paisagem
moldurando o cenário fictício.
Azul eu chego a ver o precipício
nos tropeços avessos da viagem.

Eu vejo azul, qualquer que seja a imagem
da miragem final, do sonho início,
num descortino azul, sem interstício,
o azul eu vejo em qualquer roupagem.

Azul, eu vejo a noite e vejo o dia
e fantasio a minha fantasia
nas cores várias que conjugo ao léu.

O azul eu vejo por analogia,
por parecença com a monocromia
da vidência da terra, mar e céu.

Parte II

Versos livres

Versos livres

"E continuam bisonhos,
meus olhos tristes, castanhos,
nervosos, tensos, estranhos,
buscando, vagos, tardonhos,
no mundo inviso dos sonhos,
os teus encantos azuis!"

Ronaldo Cunha Lima

Meu olhar o azul perscruta,
e envolto em nuvens exulta
com os versos que não te fiz.

VERSOS LIBERTOS

Meus versos, agora, estarão libertos
dos cânones rígidos, das regras fixas,
livres dos hemistíquios e das cesuras,
sem a preocupação com as rimas ricas.

Meus versos, agora, estarão libertos.
Nem petrarquianos, nem alexandrinos,
somente de emoções serão cobertos.

Voarão livres, como pássaros,
e pousarão no azul imaginário.
Terão cores vivas e os seus cenários
serão os da alma.

Meus versos, agora, estarão livres de tudo.
Viverão de emoção e frenesi.
De tudo, agora, estarão libertos.
Só não ficarão livres de ti.

ARCO-ÍRIS

Arco-íris colorindo,
compondo cores ao léu,
os serafins vão tingindo
cada faixa com cuidado,
deixando o azul desbotado
para não ser comparado
ao azulado do céu.

Eu fui rio e fui estrada
na busca desesperada
de celestinas paisagens.

DECÁLOGO DOS RIOS E DAS ESTRADAS

I. LATERALIDADE

Os rios se comprimem
nas margens.
As estradas
se estendem nas paisagens.

II. DESTINO

Os rios têm um só destino:
o mar, que os acolhe.
Nas estradas o destino
é a gente que escolhe.

III. MARCAS

Os rios apagam tudo,
levam tudo de roldão.
As estradas guardam marcas
dos pés que pisam seu chão.

IV. GEMIDOS

O rio chora os gemidos
dos monjolos que transpôs.
A estrada chora os rangidos
dos velhos carros de bois.

V. PONTES

Os rios e as estradas
não precisam de pontes,
porque já são pontes
entre o início e o fim.

VI. PASSOS/SARGAÇOS

Os rios arrastam sargaços.
As estradas se arrastam
nas andanças dos passos.

VII. PARALELÍSTICO

Os rios de lágrimas
são caminhos paralelos
às estradas dos sonhos.

VIII. CURVAS E DESVIOS

Entre curvas e desvios
vão alongando os rios
suas estradas de mar.

IX. SECA E CHEIA

Quando secam os rios,
as estradas se enchem
de vidas secas.

X. GRAVE PERIGO

Rio cheio
e estrada sem rumo:
caminhos sem prumo.

Na sensação de perda dos amores,
essa vontade de trocar de cores
e colorir de azul os meus caminhos.

CAMINHANTE

Ao acaso das coisas
e ao acato dos ventos,
o homem caminhava só
pela estrada de seus pressentimentos.

"Estou perto de chegar" — ele pensava.
"Depois do alto, de visagem turva,
só mais uma curva,
que alcançarei num salto,
e tudo será plano até o fim."

O caminhante sou eu
e é minha essa estrada
por onde me perdi, que me escolheu
e me encantou de azul. E assim bonita
parece-me ser breve e ser finita.
O horizonte é que se vai de mim.

RASTROS

Eu só sei de onde venho.
O resto é o arrasto de meu rastro
em busca de aventura.

É esperança e procura
do que eu me lembro e me esqueço,
do que perdi no começo
da estrada por onde andei.

Eu só sei de onde venho:
venho do azul de meus sonhos.
Para onde vou, eu não sei.

Eu amo alguém que ninguém vê, e escuto
do tempo a sua voz, cada minuto,
e oculto o azul do vulto de ninguém.

EU AMO UMA MULHER QUE NÃO EXISTE

Eu amo uma mulher
que não existe.
Mas a vejo sempre,
conversamos muito,
e lhe quero bem.
Tem muitas faces.
Não sei seu nome
e se nome tem.

Só sei que, quando
eu estou triste,
ela, então, existe
e de repente vem
confortar-me a alma,
trazer-me a calma
que me faz bem.

E a quem me indaga
da forma vaga
de amar alguém,
eu nada escondo
e então respondo
como convém:
— É meu coração
na solidão,
sem ter ninguém.

MEMÓRIA

Sobre a nossa história
responderemos assim:
não ficou qualquer memória
nem do começo ou do fim.

ARREPENDIMENTO

Se alguém tiver que se arrepender,
arrependimento tiver que existir,
que seja meu o arrependimento
porque, em algum momento,
fui eu, amada, quem te deixou partir.

Como Caronte, obscuro,
eu navego o azul-escuro
do barco triste dos sonhos.

À DERIVA

Onde aportar,
do sopro das brisas,
meu barco calmeiro
carregado de esperanças,
se não há mais espaços flutuantes
nas barras divisas
de meus horizontes
para os apronte de paz
dos meus sonhos azuis?

Não resta mais tempo
que atempe as vagagens,
de novas pairagens,
de novas paisagens,
de novas viagens...
O tempo acabou!

Onde aporto meu barco
de velas revessas,
cansado das lidas
        das ondas cruentas,
        de tantas tormentas
        do mar de onde vim
        carregando esperanças,
                temendo perdê-las
                no abismo marinho,
                tentando, sozinho,
                salvá-las do fim?

BATIDOS

Batem-me à porta e eu não abro.
Quem, a essa hora, viria perturbar a minha alma?
Ela repousa cansada das angústias e aflições.
Quem será que vem perturbar a sua calma?
        Não é hora de visitas e emoções.
        Eu não irei atender. Porei aviso na porta:
        "A minha alma está morta. Não adianta bater!"

Minha revolta persiste:
por que foi que tu tingiste
o azul-do-céu de nós dois?

DOR INCOMUM

Quando o amor termina, vem, depois,
a angústia, o silêncio e a solidão.
Sombras que assombram. Marcas, pelo chão,
lembrando ausências, remontando histórias...

Um cigarro com marcas de batom,
as contas de um colar, o azul de um pente...
— como machuca, como dói na gente
as cores da saudade em qualquer tom!

É a dor incomum, que vem depois,
de um dos dois à procura de um,
de um ser, sozinho, à espera de ser dois.

REZAS

Quando acordo ou me deito,
uma dor no peito,
lá dentro, bem fundo,
me afasta do mundo,
me afasta de mim
e me aproxima de Deus
e das minhas preces.
E eu rezo
para que a dor não demore
nem sofra o passado
evocando saudades.
E rezo à saudade
que não se vá tão cedo
porque tenho medo
de perdê-la, também,
das minhas lembranças.

Olhando de norte a sul,
só Lisboa estava azul.
O restante era incolor.

QUE OLHOS ERAM OS TEUS?

Que olhos eram os teus,
que em mim passaram?
Que olhos eram os teus,
que me invadiram?
Que olhos eram os teus,
que me guiaram?
Que olhos eram os teus,
que me seguiram?
Que olhos eram os teus,
que me inspiraram?
Que olhos eram os teus,
que me iludiram?
Que olhos eram os teus,
que me deixaram?
Que olhos eram os teus,
que me traíram!

FRAGILIDADE

Nosso amor teve o tempo que lhe coube.
Teve a leveza da pluma,
teve a força dos ventos
e a fragilidade dos cristais.
Foi um sonho, um sonho e nada mais.

TORMENTA

Vencendo as vagas vesgas da tormenta,
onde a sombra do azul era cinzenta,
na praia argenta eu me cansei de mim.

NÁUFRAGO DO AMOR

Venho das tempestades, das tormentas
dos meus sonhos sem bússola e sem rumo,
no naufrágio do amor eu me consumo,
batendo-me entre as ondas violentas.

Tento vencê-las em braçadas lentas,
à espera de socorro me resumo,
no vai-e-vem das ondas perco o prumo,
entre espumas serosas, pardacentas.

Resisto aos imprevistos da procela
e em terra firme vejo alguém, é ela!
a bandeira agitando em frente ao cais.

Porém, bem perto de chegar à praia,
o meu corpo cansado então desmaia,
tento nadar e não consigo mais!

AMOR PERDIDO

Roedeira, fossa ou dor-de-cotovelo,
não importa o nome que se dê
ao trânsito cruel e dolorido
de quem chora o querer do amor perdido.

Não importa o nome que se dê.
O que importa é o transtorno de vivê-lo,
é o desespero atroz, o desmantelo
desse pranto que choro por você.

Criando, ao seu redor, o próprio espaço,
o amor imprime a marca e traz, no traço,
o bosquejo do azul da liberdade.

AMOR

Pedir amor
é um gesto de humildade.
Negar a quem o pede,
é humilhante.

Perder um grande amor
é navegar sem bússola e sem prumo,
é a perdição dos sentidos e dos rumos,
é olhar o nada e desejar ver tudo,
no imenso vazio de si mesmo.

É rondar o infinito, andar a esmo,
é o fim da crença a todo o compromisso.

Perder um grande amor
é, simplesmente, isso.

AMA!

Ama
o impossível
e o absoluto,
mesmo que pareça incrível,
mesmo que por um minuto.
Ama!

CARTAS

Não me dou bem com as cartas
Seja de que tipo for
Seja carta de baralho
Seja carta de amor
Das que na lembrança ficaram
Quase todas me feriram
As quiromânticas mentiram
As românticas me enganaram

Chove a chuva. Nas sarjetas
navegam folhas, barquetas
cheias de sonhos azuis.

LÁ VAI O RIO!

Correndo pedra, cascalho,
lá vai o rio, ligeiro,
na mata fazendo aceiro,

colhendo gotas de orvalho.
que pingam de galho em galho
num chorado chuvisqueiro.

Lá vai o rio, suponho,
exercitando a gandaia
de seus anseios de praia,

acalentado no sonho
de abraçar o mar medonho,
das ondas beijar a saia.

Lá vai o rio em vertente,
fazendo curvas, desvios,
enfrentando desafios

em busca de outra corrente.
Lá vai o rio da gente
à procura de outros rios!

GALÁCTICO

Uma mancha azulejada e difusa
nos céus dos meus pensamentos,
além das forças dos ventos,
das águas mais tormentosas.

Em galáxias nebulosas
ensombrou-se a minha musa.

Muitos anos depois que te perdi,
volto a ver teu vestido de organdi
azulecendo as minhas emoções.

UM PEDAÇO DE RUA

Bandeira criou Pasárgada.
Camilo, São Saruê.
Orwel recriou um mundo
tão dadivoso e profundo
que tão-somente ele vê,
pois cada poeta crê
em suas inventividades
e dentro de si cultua
imaginosas verdades.
Eu não imagino cidades.
Eu me limito às saudades
de um pedaço de rua.

RUA SOLIDÃO

Rua enredo de meus passos
no roteiro do colégio,
quando eu tinha o privilégio
dos acenos de seus braços.
Rua de beijos e abraços,
dos sonhos do mais superno,
das juras de amor eterno
nos versos que ainda entono
às folhas secas do outono,
ao vento frio do inverno.

Não colorizo cidades.
Pinto de azul as saudades
de um pedacinho de rua.

SONHOS DA MINHA RUA

Eu moro do outro lado,
no outro lado da rua,
do lado azul que acentua
o lado mais estrelado

do céu, que pela janela
de meu quarto se insinua,
feito sol ou feito lua,
pra beijar o corpo dela.

Que, linda, lasciva e nua,
em meu leito adormecida,
enche de cor e de vida
os sonhos da minha rua.

SE ESSA RUA FOSSE MINHA

Se essa rua fosse minha,
essa rua que era tua,
cada janela mantinha
teu olhar olhando a rua.
Teu olhar que perpetua
a saudade que acarinha
essa rua que era tua,
a rua que não é minha...

Eu sonho azuis os dias do futuro
sem temer, do amanhã, que seja escuro:
faltando a luz, existiria a cor.

NEM RETORNAR, NEM PROSSEGUIR

Para onde irei?
Para onde irás agora?
Girei os rumos de meus sonhos
mas eles também estão calados,
estagnados no paradeiro das ilusões.

Calada estás, imota permaneces.
Sequer das preces usas como abrigo
para fugir do castigo
de quem não pecou:
apenas parou no meio do caminho
azul-marinho,
que era de nós dois.

E agora, sem mais depois,
para onde iremos, tu e eu,
se já não podemos retornar
nem prosseguir viagem?
Ruiu a ponte que nos deu passagem
não há estradas, não há mais miragens.
O caminho do sonho nos perdeu.

CAMINHO SEM VOLTA

Nas andanças da revolta,
o caminho sem volta
    é a sentença final ao insucesso,
    o infesto gesto de uma despedida.

        É o roteiro final, a besta-fera
        do caminhante que não mais espera
        poder voltar ao ponto de partida.

A ponte, ondeante, creio
um enorme e ebúrneo seio
no colo azul do horizonte.

A PONTE

Seio de virgem, de mamilo casto
visando o azul, além do horizonte,
fazendo o mundo parecer mais vasto,
por que razão te chamam, seio, ponte?

Enquanto o sol das brumas não desponte,
cruzo-te, ponte, e vou deixando o rasto
no virgo de teu seio, curvo e fasto,
estendido aos meus pés, a mim defronte.

Seio de virgem, que nasceste ponte,
por onde passo enquanto te desgasto,
que sejas ponte enquanto eu me arrasto
sobre o teu seio, tresloucado e insonte.

CONTINENTE/CONTEÚDO

Para quem saudades sente,
não importa o continente
se o conteúdo é azul.

DISTANÁSIA

Portugal? Espanha? Itália?
Holanda? Áustria? Austrália?
Onde ela se encontra, enfim?

Em Bonn, em Londres, Pequim,
Amsterdam, na Malásia
no geleiro azul da Ásia,
meu amor, em distanásia,
lentamente chega ao fim.

Não gosto de compor poema triste!
Mas que fazer, se a minha dor persiste
no azul-turquesa triste dos meus versos?

NATIMORTO

Quando é que um sonho começa?
Quando um sonho chega ao fim?
O concretismo de um sonho
alcança o azul, dentre as cores,
ou descora os desamores
no instante de adormecer?

Quem poderá definir
de um sonho a realidade?
Por mais querer que corteje,
por mais longe e alto que voeje,
resiste o sonho, após desperto,
ao desnudo da verdade?

Sonho meu! que ainda assisto
na ilusão do absorto,
por que não te gerei natimorto?

MAUSOLÉU

Uma rua o quanto importa
se da saudade se esquece
e se entristece por ela?

Se à casa se fecha a porta,
ou sequer abre a janela,
uma rua assim parece
um mausoléu das lembranças,
velório das esperanças
sepultadas dentro dela.

Azulecidos sonhos que eu oculto:
Quando criança, eu me sonhei adulto.
Agora, adulto, eu sonho em ser criança.

O MENINO QUE SONHAVA

O menino que sonhava
fazia versos, brincava
contando estrelas, cresceu.

O homem que foi menino
sem ligar ao seu destino
do menino se esqueceu.

Criou a sua paisagem
bem diferente da imagem
que sua infância viveu.

Quando o homem quis amar,
sentindo algo faltar
à infância recorreu,

mas nela nada encontrava.
O menino que sonhava
dentro do homem, morreu.

LEMBRANÇAS DE UM MENINO

Eu não lembro haver nascido
criança. Só lembro o vulto

de um menino, já crescido,
sofrendo igual a um adulto.

A linha azul do horizonte
mostra o quanto é importante
respeitar os seus limites.

PRISIONEIRO DE MIM MESMO

O que vou fazer de mim?
Encarcerar-me em meu silêncio
e silenciar o grito
desesperado e pronto
para explodir

horizontes finitos,
esperanças incertas
e certas incertezas.

Dói-me o ouvido que ouviu,
dói-me a alma que já chorava,
dói-me o coração que ainda sofre,
dói-me o instante
e todos os instantes me doem.

Prisioneiro de mim mesmo,
não posso me libertar.
Ofensas me vigiam
e um gesto me acompanha.

E lá dentro, bem perto de mim,
pai e filho se abraçam
para chorarem juntos a mesma dor.

O que vou fazer de mim?
Aceitar a noite longa,
que me cobre de prantos,
e aguardar, para breve,
o sorriso de paz
de uma nova manhã.

Na solidão que me invade
não há cor, pois a saudade
meu azul cobriu de escuro.

BOM DIA, SOLIDÃO

Bom dia, solidão.
Apesar dos pesares,
de tudo o que conversamos
na noite passada,

dos segredos de meus medos,
de tudo o quanto eu suporte
no que resta de mim,
continuamos viventes,

você e eu,
passageiros de um novo dia,
caminheiros da estrada do nada,
do mesmo temor da morte,
da mesma espera do fim.

Bom dia, solidão.
Que os teus medos
não me voltem agora,
enquanto o azul, lá de fora,
visionando a janela,

faz-me ver lembranças dela,
nos revolteios do mar,
no balanceio das flores,
e o vento fala de amores,
e o tempo fala em voltar.

APELO INTERIOR

Preferi atender
ao apelo da vida,
　　　　que me ama e me chama
　　　　para amar e viver.

Mesmo sendo cor-de-rosa,
a vida é bem mais formosa
quando os sonhos são azuis.

AZUL E COR-DE-ROSA*

Quando o nosso quarto
se enfeitou de azul,
com sapatinhos azuis
e com fitinhas azuis,
eu fiz uma prece
pra que cada um tivesse
uma vida cor-de-rosa.

Quando o nosso quarto
se enfeitou de rosa,
com fitinhas cor-de-rosa,
sapatinhos cor-de-rosa,
eu pedi a Deus
que nos dias seus
fosse tudo AZUL.

*Aos meus filhos Ronaldo, Cássio, Glauce e Savigny, dividindo com Glória a alegria da chegada de cada um.

PREFERÊNCIA PELAS CORES

A cor azul prefiro, a olhar o céu.
É a cor que em mim faz festa.
A verde eu a prefiro,
quando vejo uma floresta.
A branca é a minha preferida,
quando de noiva é vestida.
Entre as mulheres, paciência.
Não há como preferi-las
com o colorido da íris.
Não se pode ter preferência
pelas cores do arco-íris.

Pintei azul meu céu de amor, contudo,
os arco-íris confundiram tudo
miscigenando as cores de meu céu.

AS CORES NÃO DEVIAM MUDAR DE COR

As cores não deviam mudar de cor.
O branco não devia amarelar.
O amarelo não devia embranquecer.
O azul não devia desbotar.

A minha vida sempre foi azul,
manhãs azuis,
tardes azuis,
até as noites eram azuis.

De repente,
meu céu ficou nublado,
cinzentas minhas manhãs.
Tingiram-nos de desalento.
Nem sei quem os pintou...
Nublaram a cor dos meus dias
e meu azul desbotou.

O "X" DO PROBLEMA

Assemelham-se infantis
as razões do meu dilema,
    pois o "x" do meu problema
    vem logo depois do "x".

Compondo o azul, fio a fio,
enfrentei o desafio
de recosturar lembranças.

CAMINHOS TRANSVERSAIS

I

O sonho morava
bem perto de mim,
numa rua transversal
à minha rua.

Ali, todas as coisas
eram transversais:
as casas, as portas, as janelas...

Na cidade do amor
as ruas são transversais,
obliquamente naturais.
Quando muito, paralelas
e absolutamente iguais
ao paralelismo do sonho
que morava perto de mim,
numa rua transversal.

II

Por um fadário adverso
o verso versou transverso,
e o caminho do poeta,
sem rumo proposital,
desviou da linha reta
seguindo na transversal.

III

Nas ruas transversais
às avenidas principais,
situam-se os cabarés.
Basta seguir, de viés,
as marcas dos pés.
Cabe qualquer medida,
dos homens do mundo,
das mulheres da vida,
nas marcas dos pés
das ruas transversais.
Onde os homens traem
e se distraem.
Onde as mulheres
se distraem e traem.
Onde a vida é um fim sem começo.
Onde a paixão é finita,
onde o amor se limita
aos agitos do gozo,
aos limites do preço.

TRANSVERSOS

Apesar de meus versos
no ocaso tardonho
        da minha quimera,
        continuo, sozinho,
                a trilhar o caminho
                dos sonhos de espera,
                        dos rumos transversos
                        do amor de nós dois.

Solidários, dos pássaros os trinos
soam repiques, réquiem dos sinos
pelo descor do nosso sonho azul...

SOLIDARIEDADE

Hoje os pássaros emudeceram,
silenciando a manhã,
calando o quintal,

cessando aos jardins
o orgasmo das flores.

Hoje o sol se escondeu
nos costados das nuvens,
envelhecendo as horas
que se fizeram tarde demais

para ser depois,
para ser manhã do dia seguinte
do dia da morte
do amor de nós dois.

EXÉQUIAS A UM PONTO DE LUZ

Réstia de um ponto de luz
dentro de abismo profundo.
        Um silêncio universal
        incomensuravelmente meu.
                Uma voz que não fala,
                um sorriso deserto,
                        o amor que me cala
                        e propala o adeus.
                                Bruxuleantes círios agonais
                                e o eco das exéquias, nunca mais!
                                        nunca mais reluz,
                                        além das estrelas,
                                        a réstia de um ponto de luz.

Quando estou triste dispenso
a cor azul. Depois, penso
e me condenso de azul.

PROMESSAS

Quisesse-me assim, como a queria,
ou na forma que a via em meu destino,
quisesse-me na paz, no desatino,
no instante de tristeza ou de alegria.

Quisesse-me na noite igual ao dia,
nas horas do pecado ou do divino,
nas tocatas de amor, no algor do sino,
quisesse-me verdade e fantasia.

Quando o fim do meu tempo a entristecesse,
fosse ela ou não fosse minha consorte,
choraria por mim, quando eu morresse.

Mas não sorriu-me a vida a triste sorte.
Não esperou que tal me acontecesse,
antecipou-se e me feriu de morte.

CONVERSÃO

O seu azul prometido
vejo agora convertido
numa roxa escuridão.

Dentro de mim retrocedo
e a mim mesmo concedo
o azul ressuscitado.

AS DUAS

Entre nós, não se soltam beijos:
Se prendem. E as bocas aprendem.

Entre nós, não há termos
de compromisso:
Há compromisso de nos termos.

Entre nós, as palavras
são reinventadas
porque não são os segredos:
são elas, que são guardadas.

Entre nós, as mãos dadas
são tão dadas,
que nem são notadas
que são duas.

Entre nós, nossas almas
se juntam tanto,
que em todo canto
se vêem as duas.

Entre nós, as palavras
são tão poucas
que as nossas bocas
só dizem duas:
meu amor.

A noite veste o manto azul dos medos.
Maléficos murmúrios dos bruxedos
escuto aflito enquanto anseio o sol.

O MEDO E A FALTA

Você me traz medo,
mas você me faz falta.

A diferença entre o medo e a falta,
é que o medo você sabe quando tem
e na falta você sente que não tem.
A falta, como o medo, sobressalta.

Entre o medo que você me traz
e a falta que você me faz,
você é o medo que me falta.

TARDE DEMAIS

A vida adormeceu
em nosso silêncio.
Quando despertamos,
já era noite,
fazia escuro,
tivemos medo
de caminhar.

A manhã
se enfeitou de acenos.
Mas os seus olhos
foram pequenos
para entendê-los.

Insegura, a nossa vida
se debruçou no tempo,
mas já sem tempo
para vivê-la.
Agora é tarde.
Tarde demais.

A distância, que instituis,
cala em meus sonhos azuis
os verdejos de esperança.

O QUE VAI FICAR

Não importa
que da despedida não fique nada.

Bastam as outras coisas
que já vão ficar.

Do muito que nos vimos,
pelo menos um olhar
há de ficar.

De tudo o que dissemos,
pelo menos uma palavra
vai ficar.

Do quanto nós fizemos,
pelo menos um gesto
vai ficar.

E do tanto que nos amamos,
pelo menos um pouco de amor
há de ficar.

E pelo que vimos,
pelo que dissemos,
pelo que fizemos
        e pelo que amamos,
        pelo menos em lembrança
        um no outro vai ficar.

Eu não guardo queixas
pelo azul que releixas:
eu apenas te guardo.

NÃO QUERIA GUARDAR QUEIXAS

Não queria guardar queixas
ao lembrar tua ausência.
Há tanto de bom, que podia ser lembrado!
Há o sorriso de um rosto,
um corpo sobre o meu corpo,
há um passado absorto
de tanto sonhar futuro!

Não queria guardar queixas
das histórias ouvidas, temendo escutá-las.
Dos cochichos, das falas
falando de nós em vozeios noturnos
em conluios soturnos,
na vã persistência
de alcançar o pecado
as razões da inocência.
Não queria guardar queixas.
Mas as mágoas que me deixas
mostram ar de permanência.

QUANDO VOLTARES

Quando voltares, amada, eu não sei
como irei te receber.

Eu não sei se vai viver
tanto tempo essa quimera,
se os meus sonhos hão despertos
para os meus braços abertos...
Eu nem sei se te amarei.

Somente uma coisa eu sei:
estarei à tua espera.

Quando posares para um retrato
lembra de mim, que eu estarei, de fato,
azulecendo o espaço à tua frente.

VESTAL

Conduzida em andor,
na procissão dos sonhos,
venerada, idolatrada e imaginada
no altar-mor do amor,
não chegou a ouvir
a marcha nupcial.
De repente, a vestal
caiu do pedestal.
Trágico final!

FOTO ANTIGA

Sua foto, guardada sem cuidados,
encontrei-a do tempo entardecida.
Não parecia a mesma. Causou-me impacto.
A traça do ciúme a fez sem vida,
tragando traços do que fora ontem.
Apenas o sorriso se mostrava intacto
na foto descorada e esmaecida.

Na saudade tentei harmonizá-la,
e ajustando, da foto, alguns enfoques,
tentei das sombras libertá-la. Enfim,
não foi preciso truques, nem retoques:
ela estava perfeita, dentro em mim.

A amizade colorida
só poderá ser vivida
quando vestida de azul.

DESMERECIDAMENTE

Quem sabe, culpa do silêncio
ou de meus passos pelo descompasso?
Talvez, da juventude de teus passos
sempre à frente de mim, sempre mais fortes!
O fato é que nos desprendemos
das mãos que nos uniam pelo espaço
de nossos passos pelo mundo afora.
E agora o que é que eu faço
se me perdi de mim ao te perder,
e o tempo já me impede de empreender
novos caminhos, novo compromisso?
Nós, que eternamente o amor juramos
perdidos um do outro agora estamos.
O nosso amor não merecia isso!

DOIS TEMPOS

Os tempos são parecidos,
mas nunca são iguais.
Ontem promessa do "para sempre".
Hoje é a decisão do nunca mais.

RESPONSÓRIO

Sobre o amor, em versículo,
um livro assim o exprime:
Amar o amor é sublime,
sofrer por ele é ridículo.

É preciso ter cuidado.
Pode ser falsificado
o lado azul do horizonte.

PRECISO DE ALGUÉM

Preciso de alguém que me inspire versos
e saiba declamá-los para mim
alguém que perscrute a minha alma,
que me ouça, que me sinta e que me entenda, enfim.

Preciso de alguém que me telefone
não importa a hora, mas que telefone
e não me deixe insone
numa noite assim.
Preciso de alguém...

FAZ-DE-CONTA

Ainda por muito tempo
eu poderei dizer que te amo!
Só não poderei dizê-lo
baixinho, ao pé do ouvido.
Aí, eu vou fazer de conta que não disse.

VOLTA

Se a volta
abrandasse minha revolta,
haveria uma reviravolta
no destino de nós dois.

Norte, leste, oeste, sul,
seja onde for, é azul
o cardápio dos amantes.

CARDÁPIO DOS AMANTES

No desjejum, muitos beijos,
abraços e sacolejos,
e do amor uma maçã.

No almoço, só delícias,
um vai-e-vem de carícias
e um do outro se fez fã.

No jantar, uma beleza!
Pão e vinho sobre a mesa,
depois a cama e a certeza

de acordar, logo cedinho,
com beijos e com o carinho
de um bom café-da-manhã!

GUERRAS

Todas as guerras
deviam ser
como a guerra dos sexos.
Quando lutam,
os inimigos
agonizam
e depois se confraternizam
entre amplexos
de amor e de paz.

O azul que agora vestes
necessita de alguns testes
para o crédito da cor.

COMO NO BOXE

Como no boxe,
o amor é uma arte
de ataque e defesa,
é um jogo de encanto e beleza
com *jabs* de emoção
acertando o coração
de cada lutador, cada comparte.

O ringue é a vida, e cada parte
da vida é um "*round*", e os "*rounds*" são
contados, com bastante precisão,
por juízes, que atuam em cada aparte
e proclamam, ao final, a decisão.

Se no boxe o agarramento é proibido
e é sabido que a luta é interrompida,
no amor ele é legal, e é permitida
a luta, se a parceira está caída,
ou agarrada até cair no chão.

Como no boxe, no amor há um entrave
que encerra qualquer luta: a falta grave
gerada, quase sempre, pelo encaixo
de golpe proibido, o golpe baixo
da perfídia, da infame traição.

Reduzido a parcos trapos,
restam somente fiapos
do nosso estandarte azul.

QUE HORAS SÃO?

Marcou cada segundo e cada hora
para não se perder do seu passado,
a mente presa aos passos do relógio
e o relógio lembrando o vulto amado.

Não estava, porém, acostumado
a ser presente sem qualquer demora.
Mas ela o ameaçou de ir embora
e, num bilhete que lhe escreveu,
um derradeiro encontro concedeu,
marcando o instante e o ponto combinado.

Ao medo de ficar, e ela ir embora,
ou de chegar mais cedo, sucedeu
abraçar a fadiga, e adormeceu
perdendo-se do tempo lá de fora.

Acordou meio tonto, atarantado,
temendo do relógio o tempo findo.
E o relógio, sonífero, parado,
não contava mais nada do presente
nem contava do amor, que foi tão lindo!

Então perdeu o senso e enlouqueceu,
a propalar do amor o necrológio.
Já não quer mais saber de usar relógio,
pois faltou de um relógio a precisão.
O instante exato, agora o obsedia
e a quem passa pergunta, todo dia:
"— Amigo, por favor, que horas são?"

UM CORPO DE MULHER

Suaves tons azuis, núbeis contornos,
protuberâncias sensuais, adornos
de um corpo de mulher em movimento.

TRANSVERSALIDADE*

Ângulos obtusos,
conjugações oblíquas,
prismas poligonais,
polígono côncavo,
poliedro convexo,
perpendicularmente angulares,
horizontalmente deitados,
verticalmente crescentes.
Dois corpos frementes
sem noção das medidas
das pelves ventrais,
diametrais,
diametralmente opostas.

*Agradecendo ao engenheiro amigo e cunhado, Fernando Catão.

PERTENCES DO INFINITO

Há os que nascem para viver
E os que nascem para ser.
Os que nascem para viver,
Vivem mortos, sem saber.
  Entre os que nascem para ser,
  São poucos os que sabem ser.
  Entre os que sabem ser,
    São poucos os que sabem ser eternos,
    Fazendo do tempo em que são
    Um tempo de nunca acabar.
    São pertences do infinito.

Tu te ausentas de mim e eu me confundo,
e misturo o teu mundo com o meu mundo,
e aprofundo do azul a escuridão

ERA DOMINGO, E DESEJEI SEGUNDA

Era segunda, imaginei domingo.
Era de noite, imaginei manhã.
Chovia muito e eu imaginava sol.
As pessoas se comprimiam e eu não via nada.

Havia multidão, eu me sentia só.
Você não estava, mas eu a fiz presente.
Você chegava sem saber se estava,
você falou sem saber o que disse
e disse coisas sem dizer palavras...

Você estava perto, sem saber se estava.
E até me beijou, sem se sentir beijada.
Era segunda, mas imaginei domingo.

Chegou o sol, e se fez manhã.
Chegou o dia, e se fez domingo.
Houve palavras, mas não eram suas.
Houve presença, mas sem ser você.
Houve multidão, agitação profunda...

Então, era manhã, mas eu quis a noite.
Fazia sol, e eu queria chuva.
Era domingo, e desejei segunda.

Um descuido da memória
e terminou nossa história
descolorida de azul.

PÁGINA EM BRANCO

Uma página em branco
no livro, em seguida.
A cadência rompida,
a história desfeita
na página em branco
do livro da vida.

As palavras se foram
do branco total.

O branco da folha,
na página em branco,
ficou sem palavras,
sem lavras e aprontos,
sem letras, sem contos,
a seqüência perdida,
sem ponto final.

Um poeta do amor,
o mais puro, o mais franco!
Uma página em branco
no livro da vida.

A PALAVRA

A palavra
não lavra
o gesto.
Só o protesto.

INSISTÊNCIA

Fixação é loucura
mas insisto na procura
dos azulejos dos sonhos.

PERSISTÊNCIA

Esquecido do instante,
eu persisto em ser.
Que me sangre o coração
o amor desfeito.
Que me maltratem
as horas desavidas.
O passado é o bastante
e é imutável.

Nele, o amor se propala.
Há certeza na fala,
nos gestos, nas juras,
na doce procura
da mulher que me falta.

Esquecido do instante
que abusou da verdade
e me impõe a clausura,
eu continuo a ser
creditante do amor,
persistente na procura.

ELA VAI CASAR

Ela vai casar.
Estarei mentindo
        se lhe desejar felicidades,
                mas quero vê-la linda,
                        mais bonita ainda,
                                com os olhos de saudades e vontades.

Entre o ontem e o agora,
o azul do céu, nesta hora,
é mais profundo e mais lindo!

ENTRE O ONTEM E O AGORA

Não mais tendo o que sonhar,
vai definhando o olhar
do homem abraçando a morte
de tanto olhar o horizonte,
de tanto crê-lo confronte,
querendo os sonhos de volta.

Não mais tendo o que sonhar,
compassivo, sem revolta,
o homem soluça e chora.

Entre o ontem e o agora
há diferenças demais.
O ontem era para sempre.
O agora é nunca mais.

RIDÍCULO

Disse um cético ao poeta
que todas as cartas de amor
são tolamente ridículas.
Ridículo é ser ausente,
é não saber expressar
o sentimento do amor,
envelopando-o em si mesmo.

Dentro das sombras de néons azuis,
a soluçar os tons dos mesmos blues,
um piano nostálgico me acalma.

MÚSICA

A música tem o dom de ser presente,
falando em passado, presente e futuro.
Passado, presente e futuro,
que pensei vivê-los em um sonho a dois.
Mas sonhos sempre são assim.
Quando a gente acorda, eles se desvanecem.
Não há jeito de retê-los,
mesmo fechando os olhos à luz da verdade,
mesmo querendo escondê-los
sob um travesseiro vazio.

Não há jeito. A luz é a realidade
que dissipa os sonhos,
mesmo aqueles que nos fazem querer
jamais acordar para a luz.

NÃO POSSO

Dizer não posso,
repetir não posso,
é resposta abusiva,
por demais cansativa.
Eu já não posso
ouvi-la repetida.
Dizer não posso
é desdizer da vida.

Por que deténs, ó sorte, tão escassos
os roteiros de andanças dos meus passos
e me espaças de espaços mais azuis?

O TEMPO

O tempo, mesmo adverso,
incognoscível, diverso,
controverso, mesmo assim,
abre espaços para o abraço,
para o alívio do cansaço,
para o sonho de outros tempos,
para o perfume das flores,
para as musas, para os versos,
para o aceno e o sorriso.

O tempo, mesmo impreciso,
abre espaços para a gente
mudar, pensar diferente,
permite que a gente tente
a felicidade plena,
amando o amor, sendo amado.
E mesmo sonhando errado,
esse tempo vale a pena.

O PÁSSARO DO SONHO

Em vôo rasante sobre a minha rede
um pássaro espatifou-se na parede.
Eu tive um susto medonho
e o meu sonho teve fim.

O meu passado bisonho
era o pássaro do sonho
que passou perto de mim.

Ou esse gato é um chato
ou esse gato me ama.

MEU GATO

Chego em casa, cansado,
ele corre e se enrosca
em minha perna e me aperta,
ronrona baixinho
pedindo o carinho
que logo lhe dou
no afago que trago
pendente das mãos.
Folheio o jornal,
ele pula em meu colo
e se coça e se lambe,
e se encolhe e boceja,
e se estica e se arqueja
e depois se enrodilha,
e me arranha e se amanha,
e parece dormir.
Quando me sento à mesa,
ele logo se achega
e se esfrega em meus pés.
De rabo eriçado,
ele ensaia o miado
de gato faminto,
à espera da carne
que jogo no chão.

Na hora da sesta
ele logo se apresta
a pular sobre a cama
e marcar meu pijama
com seu pêlo mourisco.
O meu gato é arisco,
mas quando estou perto
meus cuidados reclama.
Enrosca-se em minha perna
e rasga o meu pijama.
Quando leio o jornal
em meu colo se esparrama.
Quando à noite me deito
ele vem para a cama.
Não sei se esse gato é chato
ou se de fato me ama.

A minh'alma irrequieta
me incentiva a ser poeta
azulecendo os meus sonhos.

CANTOR DO AMOR NA VIDA

Dos segredos da noite, ouço: Poeta!
E os desertos das ruas de meus passos
continuam silentes, lentes, lassos,
calando a vida tida à voz secreta.
Poeta que não sou, sou exegeta
da cor, do amor, da dor preconcebida,
dos instantes de adeus, da despedida,
do desejo e do beijo que o completa.
Que a noite não me chame de poeta,
que eu seja apenas cantor do amor, na vida.

A brisa, que me alisa, diz: Poeta!
correndo odores das flores do caminho,
cheirando as trilhas do passar sozinho
de um trovador de sonhos, de um asceta
que, dentre as feras, ilusões asseta
e somente na noite tem guarida
quando um corpo, num copo de bebida,
traz presente o passado que o afeta.
Que a brisa não me chame de poeta,
que eu seja apenas cantor do amor, na vida.

O alvorecer, bem cedo, diz: Poeta!
roubando à rua a paz da escuridão,
furtando, ao tempo, o andor da lentidão,
trazendo luz à sombra que abjeta.
    Vultos velozes, vozes, rumos, meta
    que o despertar do sol traz em seguida
    à noite morta e desaparecida
    e à minh'alma sofrida e inquieta.
    Que o alvorecer não me chame de poeta,
    que eu seja apenas cantor do amor, na vida.

Era uma vez a história dos meus sonhos,
sonhos leves, celígenos, tristonhos...
Era uma vez meus sonhos: era uma vez...

ERA UMA VEZ UM POETA

Era uma vez um poeta
com todos os sonhos da juventude
e a juventude de todos os sonhos.
Ao longo da vida
alguns sonhos envelheceram
e outros morreram.
De repente, o poeta
deixou de sonhar
e de viver, talvez.
E a história termina como começa:
era uma vez um poeta,
era uma vez.

COINCIDÊNCIA

É muita coincidência.
Parece reincidência
de um caso sentimental.

Da lembrança, que não some,
ela traz o mesmo nome,
e o número do telefone
coincide no final.

Será tudo igual a antes:
atitudes semelhantes,
identidade total?

Ainda hoje continuo ouvindo:
"Era azul, lindo!
o céu na noite de luar..".

MÚSICAS QUE ONTEM EU OUVIA*

Músicas que ontem eu ouvia
sem saber que algum dia
ao ouvi-las, pensaria
cantarem minha agonia.

"Eu era feliz e não sabia."

"Fugindo da nostalgia,
vou procurar alegria
na ilusão dos cabarés."

"Pra não morrer de tristeza,
eu sento na tua mesa,
mesmo sabendo quem és."

"De joelhos te peço,
não me deixes sozinho..."

"Tire o seu sorriso do caminho,
que eu quero passar com a minha dor."

---

*Lembrando o extraordinário amigo Edval Carvalho, amizade que encanta os cantos de ontem e de hoje.

"Amor, meu grande amor,
você me maltratou..."

"Tão sozinho agora estou,
canto e a chuva não tem fim..."

"Não falem dessa mulher
perto de mim!"

Eternos, meus pensamentos
vão vivendo os seus momentos
no alento azul dos meus sonhos.

ETERNIDADE

Quando os meus filhos
disserem aos meus netos
    o quanto eu os amava;
    e quando os meus netos
        disserem aos meus filhos
        que guardam lembranças minhas
            e de mim sentem saudade,
            não terei morrido nunca:
            serei eternidade!

MUNDO REDUZIDO

O meu mundo se reduz
          como se fosse uma luz
                    limitando a sua chama:
                         minha cidade, meu bairro,
                                minha rua, minha casa,
                                      o meu quarto, a minha cama.

COMPADECIMENTO

Quando o nosso amor morreu
ninguém se compadeceu,
          somente você e eu.
          Só nós dois é que choramos...
                    Logo nós que o matamos.

Se os meus erros não têm mais consertos,
eu matizo de azul os meus acertos,
colorindo os desvãos da minha história.

MINHA VIDA

Minha vida
é uma colcha de retalhos
de erros e acertos.

Alguns remendos, alguns consertos,
algumas partes esgarçadas,
outras descoradas por instantes adversos,
algumas resguardadas nos meus versos
e outras desvestidas de agasalho.

A minha vida,
a duras penas vivida,
eu a teci assim.

Os entrelaços que errei,
pespontei-os lacrimantes
com o pranto de instantes
e o sorriso das horas.

O visivo dos pontos positivos
usei-os de forma rústica,
compondo uma concha acústica
formada dos retalhos
de meus desejos azuis.

Verdejados de esperança,
a vida agora me cansa
e começa a desbotar.

Da cor azul tece a trama
e me encarcera e me ama
em tua cama de mar.

O AZUL COMO SINAL DE TRÂNSITO

Sendo o azul incluído
entre os sinais de trânsito
nova versão prepondera:
        o amarelo adverte
        como sinal de espera;
        o vermelho só proíbe
        enquanto o verde libera.
                Sendo o azul incluído,
                Qual seria seu sentido?
                O azul seria:
                "ACELERA".

CULPAS

A culpa foi do momento,
que sonhou futuros
e não divisou os muros
delimitando os espaços.
A culpa foi da hora,
que não se resumiu
e que tudo permitiu.
A culpa foi dos nossos olhos,
dos que viram e dos que assentiram.
A culpa foi do sorriso,
que não era preciso.
A culpa foi da chance oferecida.
A culpa foi do instante,
daquele instante de vida.
A culpa foi da poesia,
que nasceu no mesmo dia.
A culpa foi dos sonetos
que saíram dos seus guetos.
A culpa foi do parnaso,
que criou o caso.
A culpa foi do acaso,
que fez pouco caso da ocasião.
A culpa não foi do antes, nem do depois.
A culpa não foi de nós dois.
Nem você teve culpa, nem eu.
A culpa foi do azul,
que escureceu.

Volto a vista e viso vê-las,
pastoreando as estrelas
sobre o dorso azul das nuvens.

DE MENTIRINHA

Hoje, acordei com a sensação
de que voltava a ser criança.
Corria no quintal,
em meu cavalo-de-pau,
caía de mentirinha
e de mentirinha chorava.
Corria nu dentro de casa,
de mentirinha tropeçava
e de mentirinha chorava.
Ia ao parque de diversões
correr na montanha-russa.
Nada me assustava,
mas de mentirinha eu chorava.
De repente, recobrei a consciência
e a ciência da minha idade.
Aí, comecei a chorar de verdade.

NA ROTA DO AZUL

O céu é azul.
A terra é azul.
O mar é azul.
O mundo é azul.
O cansaço é azul.
        O sonho é azul
            nos olhos que vejo
              no desejo de me ver desperto.
                        "— Desaperte!" — desaperto.
                        Solto o cinto e logo sinto
                        saudade vária da Comissária
                                que me abarca
                                e depois embarca
                                na rota do azul!

De azul se tinge
mas não se finge
cores azuis.

MEU AZUL

O azul não é uma cor:
é um estado de espírito.
Ele compõe o cenário
e instiga a imaginação.

O azul é mirabolante,
é sonho e é ilusão.
Só é cor, quando falta cor
e aí se pinta de ficção.

Faz-se arco-íris sem ter comparsas.
É só e individual.
O azul é o pleno e o vazio,
é próximo e é distal.

O azul é azul,
é miragem abissal.
O meu azul, por exemplo,
é um azul pessoal.

TEUS OLHOS

Às vezes me perco
em teus olhos, segredos.
Às vezes meus medos
me fazem falhar
        no que tento dizer,
        no que penso escrever
        do que possa encontrar
        em teus olhos-segredos,
        e me escondo nos medos
        do meu próprio olhar.

Teus olhos lembram-me instantes
anagógicos, iriantes,
de nossos sonhos azuis.

QUANDO OS TEUS OLHOS ERAM MEUS

Guardo, muito bem guardado,
em meus secretos escaninhos,
a visão dos teus olhos
descortinando espaços
e guiando o teu corpo
para o alcance dos meus braços.

Quando os teus olhos eram meus,
ternamente meus,
e me ofertavam pingentes de luz
das lágrimas sorrisos...

Guardo em meus escaninhos
os sonhos dos teus olhos de sono,
quando o teu sono era meu,
quando eram meus os sonhos dos teus olhos.

Guardo, comigo, a distância que atribuis
aos verdejos de teus olhos
que espero, um dia, revê-los
em desvelos mais azuis.

Não vi — e não suportaria vê-los,
os teus olhos de adeus
procurando distâncias no olhar de outros olhos,
jurando a outras juras que nunca foram meus.

BIZANTINO

O Império Bizantino
foi mudando de destino
até chegar a Istambul.
Imutante é o nosso amor
que nunca mudou de cor,
permaneceu sendo azul.

Vago do espaço a lonjura.
Quem comigo se aventura
nessa procura do azul?

PROCURA

Vagueio a vesga noite no vagido
de uma criança que tem sede e fome,
no rangido, sem nome, de uma rede
que assombra sombras, sem nenhum sentido,
nos quadrantes dos cantos da parede.

E voluteio à madrugada insone
a ver se vejo o que há de mim perdido.

Votivo vulto crente no desejo
de me encontrar no mundo do absorto,
onde somente a noite escura vejo.

Que a madrugada não desapareça
enquanto eu não me encontre, vivo ou morto,
e, estando vivo, enquanto eu não me esqueça!

HORIZONTE

Estando ausente ou defronte,
ela se faz horizonte
alargando os meus azuis.

TRINDADE

Ilma, Gilma e Vilma,
belíssima trindade
que a saudade filma
em preto e branco.
Juntas no roteiro franco
de mesmíssima saudade
do início e do final,
só faltou identidade
quanto à letra inicial.

O lento passar das horas
pinta de azul as demoras
e ameniza a minha espera.

FUSO HORÁRIO

Eu entrei em parafuso
tentando entender o "fuso"
ainda hoje existente
de um a outro país.
E até que ligar eu quis
mas a hora não sabia:
quando lá é meia-noite,
por aqui é meio-dia!

FORA DE ÁREA

Em noite como esta
falaríamos por telefone,
trocando votos de *feliz natal*
em borbulhante taça nectárea.
Mas, agora, mudou tudo:
meu telefone, afônico, está mudo,
seu telefone está fora de área.

CELULAR I

Do meu celular a tela
agora não mais revela
duas dezenas iguais.

Pensei ser impedimento,
mas foi mesmo esquecimento:
ela não me liga mais.

CELULAR II

De tão mal acostumado,
agora, em qualquer lugar,
fica o meu celular
pedindo pra ser usado.

Entendo, compreendo e me resigno.
O azul, matiz do meu signo,
é do amor e do perdão.

SOMENTE MENTE

Quando se diz apaixonada, mente.
Quando se revela apressada, mente.
Quando se imagina astuciosa, mente.
Quando raciocina paulatina, mente.
Quando se proclama infeliz, mente.

Mente, inteira e completa, mente.
Leviana, mente.
Conclusiva, mente.
Afirmativa, mente.
Negativa, mente.
Avermelhada, mente.
Azulecida, mente.
Mente, mente, somente mente.

Acompanhada, mente.
Isolada, mente.
Desassistida, mente.
Indisfarçável, mente.
Elegante, mente.
Diariamente e constante, mente.

O AZUL

Há cor que se esmaece ou se desbota
parecendo outra cor, e ninguém nota
a mudança que houve no ilusório.

O azul, entretanto, é diferente:
o azul do azul é permanente,
é uma cor refratária ao transitório.

O seu azul agora vem tardio.
Difere do de outrora. Percebi-o
com manchas de pecados e remorsos.

MULHERES!

Mulheres! Ouvi, mulheres
o clamor do grito
de um poeta arfante e aflito,
que persiste na quimera
de crer no azul, que ele existe,
por isso insiste na espera
de um azul de céu. Quisera,
houvera agora o sentido
desse grito ser ouvido
por vós, mulheres! Quem dera!
se não todas, de uma vez,
uma só mulher, talvez,
do poeta aflito escute
o grito que repercute
no oculto de outras mulheres!
No espaço esparso dos ceres,
ouvi o grito, mulheres,
de um poeta arfante e aflito.

LOUCURA E LUCIDEZ*

Azul, igual ao azul da noite escura,
dissidência informal da insensatez,
a poesia é a lucidez da minha loucura
e a política é a loucura que assegura
a loucura da minha lucidez.

*Parafraseando José Nêumanne Pinto.

Só não deixo em testamento
os meus sonhos. Como o vento,
eles se encantam no azul.

TESTAMENTO

Sem bens materiais a partilhar,
só sentimentalmente eu disporei
deixo aos meus amores,
longos ou passageiros,
a certeza de que todos
foram verdadeiros
e a todos, por igual, eu os tratei.

Aos meus irmãos deixo os meus sapatos,
mas que nunca andem
pelos caminhos por onde andei.

Aos meus amigos, apenas alguns,
as máscaras que eu já usei
em velhos carnavais,
para que troquem pelas suas, com as quais
muitas vezes me enganei.

Aos inimigos deixo o meu perdão,
o mesmo perdão com que me perdoei.

Aos meus filhos e netos, a minha história.
para que saibam, sempre de memória,
o quanto pela vida eu os amei.

À minha esposa amada,
uma gaveta abarrotada
de lembranças que guardei.

E à vida,
em despedida,
deixo, de forma sentida,
os sonhos que não sonhei.

Além do azul
(adendo)

Sonetos e poemas

PALHAÇO

Um homem, um dia, de papel almaço
fez um palhaço e pô-lo na vitrine,
junto à calçada do seu magazine,
com um nome de mulher preso no braço.

E o palhaço se fez dono do espaço
pois quem passava em frente da cabine
lia, pendente à blusa em gabardine,
"Amo Dollores", em vistoso traço.

Mas Dollores, dolosa, certo dia
fez o homem chorar: ela fugia
para depois ser vista num bordel.

Palhaço de papel em despedaço!
De papel fez o homem seu palhaço.
Depois, foi de palhaço o seu papel.

METAFORISMOS

Da rude indiferença dos rochedos
à volúpia mutante das estrelas,
metáforas iguais eu pude vê-las
no muro indevassável dos segredos.

Na pilastra a voluta dos enredos
espiralou silêncio, a entretê-las.
Da medusa o contrátil das umbrelas
fez-me sentir o tropo dos meus medos.

Da inocente malícia das crianças
restaram cinzas, rastos de esperanças
com vestígios de culpas e inocências.

Metaforicamente, essas lembranças
quedaram-se incertas, sem nuanças,
ante o alvitre imbecil das reticências...

CONCRETISMO ABSTRATO

As árvores e as pedras sentem dores
quando são pelos homens maltratadas.
E o que dizer, então, das belas flores
do viço de suas hastes arrancadas?

Deixam, no mar, colares incolores
os pés que deixam rastros nas estradas.
Estuário de mágoas resguardadas,
o rio atiça e viça aos nadadores.

A porta range ao se sentir aberta,
a gota goza e cai na hora certa,
a dor é mais sofrida nos maus tratos.

É a solidez, comum dos objetos,
que se abstrai da essência dos concretos
no concreto ideal dos abstratos.

AS MARGENS DE UM POETA

Ao poeta Diógenes Cunha Lima

As margens de um poeta em desvario
quem defini-las pode, se não medra
num outro senso a conjunção diedra
de um novo amor e de um querer tardio?

As margens de um poeta, igual a um rio,
às vezes só de areia, às vezes pedra
que reprime seus versos ou desmedra
o horizonte que tece, fio a fio.

As margens de um poeta, é leviano
defini-las no espaço mediano
ou contê-las do encontro das vestais.

Ele as vê paralelas e infinitas,
uniformes, distais e contraditas
no conduto dos sonhos imortais.

PELA JANELA

Pela janela, atirou dinheiro fora.
Pela janela jogou sonhos,
fugiu e foi embora
pro seja lá o que for.
Pela janela, por fim,
sem sequer lembrar de mim,
jogou fora o nosso amor.

ESCOLHA

Como opção de valor
escolheu o mais difícil.
Não por amor ao sacrifício
Não existe sacrifício
para o amor.

A VIAGEM

A felicidade era o destino.
Por um descuido qualquer, de inopino,
perdemos o trem.
Será que um outro ainda vem?

DESINTERESSE

A história assim, amor,
não me interessa.
Espero que me inclua
fora dessa.

NOSTALGIA

O presente,
inopinado,
de repente
se fez passado.

E o passado,
saudosamente,
ao meu lado
se faz presente.

NUMA GIGANTESCA REALIDADE

Ascendino Leite*

Ronaldo Cunha Lima, mais que um poeta, um pensador. Sob nossos olhares, atira-se no azul e produz efeitos excitantes, como o perpassar do tempo e a encenação criadora que rodeia a poesia, nos seus ritmos mais freqüentes.

Aí o saber, a sua grandeza, antes e depois da vida, animada por suas impulsões mais nobres.

Atravessam roteiros insígnes, através de símbolos definitivos, como em geral se desenvolvem na consciência da arte e das evidências estéticas.

Percebi-as nesses admiráveis poemas que enriquecem o livro *Azul itinerante* o que mais apontou certeza universal se apegando às sanções da imortalidade. Isso procede de dons inatos: a consciência dos relevos, dos raciocínios ou da inteligência qualificada pelo saber, que nos encanta pela sóbria expressão de quem tem chegado sempre ao cerne da mitologia poética.

Escrevi certa vez, nalgum dos meus panfletos intimistas, que, em geral, a inteligência de um verdadeiro homem de espírito, mais que um saco de angústias e amarguras, é uma bolsa de afeições e simpatias que procura conferir ao seu primeiro impulso criador.

---

*Jornalista, poeta e escritor.

Ora, só os excepcionais, ou os gênios, movidos por patologias obscuras, se inclinam à curtição do ominoso. Mas contrariedades de um tempo de dignidade moral e nem chega a ser vício.

É a hora em que propicia o direito de errar e repeti-lo, ainda que, com isso, possa implantar corretamente uma certeza.

É dessa falsa certeza que, em geral, se alimenta a posteridade.

Nesse novo livro, Ronaldo, com a distinção delicada dos seus poemas, reforça a impressão de que nesse caso nos dá a certeza que se ungiu na sacralidade duma revelação de Deus.

O livro está dividido em duas partes (Sonetos e Versos Livres). O também poeta e notável escritor José Nêumanne Pinto, autor de "O silêncio do delator", premiado pela Academia Brasileira de Letras, disse que Ronaldo "é um artesão de sonetos", e verdadeiramente o é. Os sonetos que integram a primeira parte do livro demonstram, claramente, essa certeza. São sonetos bem trabalhados, em geral decassilábicos e com as estruturas acadêmicas do *abba, abab* ou *acab*, mantendo constante a temática do azul, daí, talvez, razão do título sugestivo e muito bonito.

Nos *Versos livres* o poeta parece marcar o início do seu rompimento com a poesia clássica e o rigor técnico dos sonetos, até então quase exclusivos em sua obra poética. Antes, como agora, não se atrela ao eruditismo. Encanta, pela sóbria expressão com que tem chegado sempre ao cerne da mitologia poética. Em evidente evolução, Ronaldo mistura os versos de forma fixa com os poemas livres e, em ambas as situações, não se separa de sua identidade de poeta.

A poesia não tem nome e não tem definição. Poesia é poesia, não importando a forma como é escrita nem o estilo a que se submete. Tanto nos versos livres como nos sonetos, a poesia de Ronaldo ressurge e refulge com o impacto da agradabilidade.

Uns e outros são versos de leitura aprazível e de inegável valor literário. Preso às regras ou liberto delas, Ronaldo se coloca poeta acima de tudo, elegendo o azul como marca permanente e constante para suas mensagens, imagens e molduras oníricas.

A exemplo de Carlos Pena Filho, a quem, aliás, dedica o livro, o azul, em Ronaldo, é uma fixação. Quem se detiver ao trabalho de contar quantas vezes, neste livro, o poeta usou a palavra azul, há de constatar que foram mais de 150 vezes. Para tanto azul teve que, praticamente, esgotar-lhe as rimas e até mesmo repeti-las, valendo-se de termos poucos usuais, como: *bulbul, curul, paul, taful, tribul*, recorrendo, no plural, a verbos e até ao anglicismo do *blues*.

Tão impregnado do estilo clássico, Ronaldo, nem mesmo nos versos livres, deixa de, aqui e ali, buscar o conciliário da métrica e da rima, mantendo a harmonia dos versos numa forma mista, cadente e de ressonante sonoridade, a exemplo de outros poetas. Por isso, não chega, a rigor, a marcar um estilo novo, mas não deixa de inserir essa modalidade no novo panorama da poesia brasileira. Em *Azul Itinerante* há ritmo e cadência. Os versos possuem musicalidade e sonoridade ao revelar emoções, imagens e belezas. As rimas surgem, aqui e ali, inesperada e quase naturalmente. De repente, explicitamente, como um *eu* cósmico, desencarnam-se com seus mitos, impondo uma gigantesca realidade.

Por fim, em Ronaldo, o azul, usado substantiva ou adjetivamente, é itinerante e o acompanha nas suas inspirações e elucubrações. Poder-se-ia dizer que o seu itinerário é *azul*, permanentemente *azul*, coloridamente *azul*.

Este livro foi impresso nas oficinas da
Distribuidora Record de Serviços de Imprensa S.A.
Rua Argentina, 171 – Rio de Janeiro – RJ
para a
Editora José Olympio Ltda.
em julho de 2006
*
74º aniversário desta Casa de livros, fundada em 29.11.1931